Copyright © 2023 di Natalia Simons

Tutti i diritti riservati. Nessuna parte di questa pubblicazione può essere riprodotta, distribuita o trasmessa in qualsiasi forma e con qualsiasi mezzo, inclusi fotocopie, registrazioni o altri metodi elettronici o meccanici, senza previo permesso scritto dell'editore, eccetto nel caso di brevi citazioni all'interno di recensioni e di altri usi certi non commerciali permessi dalla legge del copyright.

Edizione economica ISBN: 978-1-7392639-9-7
Copertina rigida ISBN: 978-1-7394881-0-9

Testo di Natalia Simons
Illustrazioni di Andreea Hompath-Voicu
A cura di Luke Everitt
Traduzione di Emma Lenzi

www.bilingobooks.com
@BilingoBooks

La gentilezza è...

Di Natalia Simons
Illustrazioni di Andreea Hompoth-Voicu

Questo libro appartiene a

....

....

La gentilezza è...

Ridere e un bell'abbraccio dare.

O un amico in difficoltà aiutare...

... o invitarlo a giocare!

Non servono trucchi magici, incantesimi o clown.
Ridi finché non ti fa male il pancino!

La gentilezza è...

Essere coraggioso per aiutare gli altri quando puoi...

...proprio come farebbero i supereroi!

La gentilezza è...

Una bella fetta di torta per ciascuno...

La gentilezza è...

Portare il sole in una cupa giornata.

Ma non fartela rovinare
da chi ha l'aria arrabbiata!

La gentilezza è...

La bellezza e i colori del mondo festeggiare.

La gentilezza è...

Aiutare una persona sola...

...o riordinare le tue cose dopo scuola.

Gli animali condividono il mondo con noi e hanno bisogno delle nostre premure.

La gentilezza è

Al nostro pianeta prestare attenzione.
Non fare come questo mangione!

Vai in treno, in autobus o in bici.
E tutto quel che puoi riusare ricicli.

La gentilezza è...

Annaffiare un seme e vederlo crescere insieme.

La gentilezza è...

Volersi bene per come siamo.

E sempre alle stelle puntiamo.

La gentilezza è...

Un posto meraviglioso, pieno di colori, senza lacrime, né timori.

La gentilezza è...

Condividere ninna nanne e storie, che meraviglia!

Tutto l'amore che può dare una famiglia.

www.ingramcontent.com/pod-product-compliance
Lightning Source LLC
Chambersburg PA
CBHW061121170426
43209CB00013B/1634